EXPOSÉ

DE

LA SITUATION

DE L'INDUSTRIE FRANÇAISE,

PRÉPARÉ

POUR ÊTRE SOUMIS A L'ASSEMBLÉE NATIONALE

PAR

LA SOCIÉTÉ D'ENCOURAGEMENT.

—————

PARIS,

IMPRIMERIE DE MADAME VEUVE BOUCHARD-HUZARD,

rue de l'Éperon, 7.

1848

La Société d'encouragement a décidé, dans sa séance du mercredi 26 avril, que l'*Exposé de la situation de l'industrie française*, présenté par sa commission spéciale, serait imprimé et distribué à chacun des membres de la Société, avant d'être l'objet d'une discussion générale.

SOCIÉTÉ D'ENCOURAGEMENT

POUR L'INDUSTRIE NATIONALE,

fondée en 1802,

RECONNUE COMME ÉTABLISSEMENT D'UTILITÉ PUBLIQUE PAR ORDONNANCE DU 21 AVRIL 1824,

RUE DU BAC, N° 42, A PARIS.

EXPOSÉ

.DE

LA SITUATION DE L'INDUSTRIE FRANÇAISE,

PRÉPARÉ

POUR ÊTRE SOUMIS A L'ASSEMBLÉE NATIONALE;

par une commission spéciale composée   **Comités.**

de MM. VALOIS ET MICHELIN. . . . . (*Fonds.*)

CALLA ET E. FERAY.. . . . . (*Mécanique.*)

PAYEN ET EBELMEN.. . . . . (*Chimie.*)

GOURLIER ET TRÉBUCHET. . . . . (*Économie.*)

HUZARD ET DARBLAY. . . . . (*Agriculture.*)

DELAMBRE, DE COLMONT, DESGRANGES, BUSCHE,
BOTTIN, GAUTIER, GAULTHIER DE RUMILLY,   (*Commerce.*)
CHAPELLE, BIÉTRY.

M. DUMAS, *président;* M. CH. DUPIN, *secrétaire général.*

CONSIDÉRATIONS PRÉLIMINAIRES.

Depuis deux mois sont soulevées les questions les plus importantes, sur les conditions de l'industrie, sur les intérêts, sur les droits respectifs des chefs d'ateliers et des ouvriers, sur l'avenir de tous les arts manufacturiers, considérés dans leurs rapports avec le sort des travailleurs.

Ces arts ne sont que l'instrument du genre humain, pour subvenir à ses besoins, assurer son existence, et contribuer à son bien-être, à sa puissance, à son bonheur.

Sous ce point de vue, le moindre côté des questions que nous venons de rappeler est, pour nous, le succès technique de l'industrie même; le côté principal, le plus précieux, le plus saint à nos yeux, est celui du bonheur de l'humanité.

Comment pouvons-nous, en respectant la vérité des faits, les lois de la justice et les droits de la liberté, concilier le bien-être et la prospérité des travailleurs de tous les rangs ? Que pouvons-nous proposer de praticable et d'avantageux, surtout, avant tout, pour les ouvriers ? Voilà ce qui nous a profondément préoccupés.

Une commission générale émanée de tous les comités, après avoir mûrement délibéré sur ces matières, a cru devoir soumettre à l'approbation de la Société tout entière un exposé d'ensemble fondé sur une longue expérience et sur l'amour éclairé des intérêts populaires.

Nous sommes loin d'avoir, dès le premier pas, résolu toutes les questions aujourd'hui débattues ; il en est de fort importantes que la commission continue d'étudier, et sur lesquelles elle poursuit son enquête. Mais nous croyons avoir assez recueilli de faits et de lumières utiles pour que nos premiers résultats méritent d'être présentés aux représentants du pays qui, sous peu de jours, vont travailler à la constitution.

Si la Société trouve dans notre exposé le tableau fidèle de ses sentiments et de ses idées, nous la prierons d'ordonner qu'il soit soumis au gouvernement provisoire, ainsi qu'à l'assemblée nationale, comme un tribut offert dans le désir d'aider à la grande mission que vont remplir les législateurs de la France.

La Société répondra, par ce moyen, à l'éloquent appel du gouvernement provisoire, publié dans le *Moniteur*, huit jours après l'approbation donnée au projet d'exposé par votre commission.

Nous prenons avec bonheur, pour épigraphe, les belles et rassurantes paroles adressées, du sein de l'hôtel de ville, à la Société des économistes français, par M. *de Lamartine*. Ce qu'il leur propose d'entreprendre, comme objet d'étude, la Société d'encouragement, depuis un demi-siècle, s'est efforcé de l'accomplir, en s'appuyant sur des principes sociaux acceptés, proclamés ici par l'homme d'État ami de l'humanité.

EXPOSÉ DE LA SITUATION DE L'INDUSTRIE FRANÇAISE.

> *Discours de M. de Lamartine.* — « C'est à vous de précéder
> « le gouvernement pour l'éclairer dans le choix des moyens *pra-*
> « *tiques*, d'exciter le travail et d'élever les conditions des masses
> « sans diminuer *l'aisance* des industriels, des propriétaires, sans
> « attenter surtout à *la liberté des capitaux*, qui disparaissent
> « aussitôt qu'on menace leur indépendance.
>
> « Concilier la propriété, ce fondement de la famille, cette source
> « de la population, cette émulation de l'agriculture, avec la *liberté*
> « du travail, l'accroissement des salaires, voilà le problème :
> « tout autre est mal posé ; c'est une subversion au lieu d'une
> « amélioration. La République n'est pas née pour détruire, mais
> « pour améliorer. » (*Moniteur du* 27 *avril* 1848.)

Dès 1802, époque où florissaient la modération, la paix et le génie, des citoyens éclairés, qui chérissaient le bien-être du peuple, ont établi la Société d'encouragement pour l'industrie nationale. Ils ont eu pour objet constant de leurs efforts et de leurs récompenses le progrès des arts utiles à l'homme. Ils ont partout sollicité les améliorations dont la conséquence était, en définitive, favorable aux consommateurs, c'est-à-dire à l'universalité de la population. Ils ont rémunéré les inventions et les perfectionnements qui rendent plus productive une même quantité de travail opéré par la main de l'homme, et qui permettent, par cela même, tantôt de mieux rétribuer ce travail, tantôt d'arrêter la diminution regrettable du salaire des ouvriers.

Leurs idées, répandues, popularisées dans toutes les classes de producteurs, ont porté des fruits salutaires. Grâce aux efforts combinés de l'intelligence et de la main-d'œuvre, la masse des produits à consommer par le peuple s'est augmentée beaucoup plus rapidement que la population. Loin que la nation se soit appauvrie en se multipliant, la part individuelle est devenue de plus en plus considérable, et le bien-être populaire, accru chaque année, est devenu la propre récompense des promoteurs de l'industrie nationale.

La Société n'a pas borné ses témoignages d'intérêt et ses prix d'honneur aux chefs d'ateliers et de manufactures, directeurs naturels et nécessaires du travail industriel ; elle a voulu que ses rémunérations s'étendissent des maîtres d'ateliers aux contre-maîtres, et des contre-maîtres aux ouvriers.

Ses travaux, ses jugements et ses conseils ont eu pour principe une harmonie, une concorde indispensables entre tous les intérêts des ouvriers, des contre-maîtres et des maîtres : intérêts indivisibles aux yeux de la Société d'encouragement.

Tandis qu'elle procédait d'après ce principe conciliateur, un petit nombre de personnes aspiraient à séparer, à diviser les éléments que la Société protectrice de l'industrie nationale voulait rapprocher sans cesse, pour les maintenir en faisceau fécond et puissant. Ces personnes ont présenté la prospérité des uns comme obtenue aux dépens, au détriment de la prospérité des autres. Au lieu du concours bienveillant et fraternel des intelligences, des capitaux et des bras, elles ont imaginé l'antagonisme entre la richesse et ses bienfaits, entre les collaborateurs placés aux différents degrés d'une production obtenue par l'effort de tous.

Pour exprimer avec énergie et brièveté leur pensée, elles ont défini, sans distinction, sans exception, l'état actuel du travail harmonisé des maîtres ou patrons, des contre-maîtres, des compagnons et des apprentis, dans toutes les industries, *l'exploitation de l'homme par l'homme.*

Aucun prétexte, aucune circonstance, aucune époque ne sauraient excuser le fort et le riche employant sa double puissance pour opprimer, pour pressurer le faible et le pauvre. Mais une société qui n'offrirait partout que cet infâme spectacle, maudite à la fois des hommes et de Dieu, périrait sans jamais avoir prospéré. L'idée d'une immoralité pareille ne peut s'appliquer à la patrie des idées libérales et des sentiments généreux. S'il est un pays étranger où la frénésie de la concurrence ait fait outre-passer la tâche que l'amour de l'humanité doit ménager au travailleur, hâtons-nous de le déclarer à l'honneur de la France, notre patrie est restée loin d'un tel excès, que ne peut pas justifier l'ambition de l'emporter sur l'univers dans la lutte acharnée du trafic international.

En réclamant ici justice pour le caractère français, il est loin de notre pensée d'excuser ou de pallier aucun abus qui pourrait peser sur les classes ouvrières, objet constant de notre sollicitude.

Nous appelons de tous nos vœux l'amélioration de leur sort, et nous bénirons tous les moyens légitimes qui conduiront vers ce but : y marchons-nous?

Il y a des améliorations générales qu'une philanthropie éclairée peut produire; il y a des améliorations spéciales qui rendront plus avantageux certains métiers, certaines professions, aux travailleurs qui les pratiquent; enfin il est certains usages, il est certains modes d'appréciation et de rémunération qu'on peut et qu'on doit rendre plus favorables à l'ouvrier. Des recherches sur ces objets si pleins d'intérêt, déjà commencées par des membres de la Société, sont continuées par eux avec ardeur; elles serviront de base à nos travaux subséquents pour ajouter au bien-être des classes laborieuses.

En signalant à l'avance un bien qu'on peut produire, par des concessions prochaines, éclairées et volontaires, l'examen que nous poursuivons avec constance nous a déjà convaincus que les rapports entre les chefs et les travailleurs, au lieu d'empirer, s'améliorent à mesure que sont appréciées, avec une plus sûre intelligence, les conditions de prospérité mutuelle, telles que les réclame et les suggère une industrie progressive.

Nous pourrions citer ici les heureux efforts tentés par de grands manufacturiers (1) pour distribuer à leurs ouvriers des champs que ceux-ci cultivent dans les journées de chômage et dans les intermittences de leur travail régulier. Nous pourrions citer d'autres mesures de prévoyance et d'humanité, dirigées vers le même but, de venir en aide à l'ouvrier lorsque le travail diminue ou s'arrête. Enfin nous pourrions citer, en diverses localités, des mesures adoptées pour améliorer l'alimentation, le logement, le vêtement et l'hygiène des travailleurs (2).

Il faut, et c'est l'attribution la plus naturelle et la plus noble de notre société, il faut encourager ces innovations bienfaisantes ; il faut les exciter, les propager, les honorer par nos récompenses. Il faut proclamer le nom des bienfaiteurs et le présenter à l'émulation de tous les chefs d'industrie.

Mais ces moyens d'améliorer le sort des travailleurs, nous pensons qu'on ne peut pas les commander d'autorité. Nous pensons qu'on ne peut pas transformer par voie d'outrage, en dette exigible et méconnue, ou, comme on n'oserait pas nous le dire, en sacrifice expiatoire, des concessions qu'après tout les chefs d'industrie ont le pouvoir et la nécessité de refuser lorsqu'elles dépassent les facultés de leur fortune.

En réservant, avec une ferme espérance, les améliorations que tous nos efforts concourront à produire, dans un prochain avenir, et celles que nous croyons dès aujourd'hui pouvoir indiquer, nous devons faire connaître avec impartialité l'état actuel de notre industrie.

N'exagérons ni le mal ni le bien. A côté des bons chefs d'ateliers et de manufactures, il peut s'en rencontrer, il s'en rencontre parfois de mauvais ; s'il y a des hommes bienveillants et bienfaisants par nature, il y en a de malveillants et de malfaisants. Mais, grâce à la Providence, ces derniers sont les moins nombreux, et leurs établissements s'écroulent tôt ou tard par l'effet du vice même qui les déshonore.

Pour qui connaît l'industrie, pour qui s'efforce à découvrir ses causes permanentes de succès, les établissements qui prospèrent sont ceux dont les chefs traitent les ouvriers *avec justice*. Les établissements qui prospèrent sont les seuls qui peuvent bien traiter, c'est-à-dire bien rémunérer les ouvriers ; ce sont les établissements où viennent s'offrir, et surtout où se conservent, les meilleurs sujets et les plus habiles travailleurs, autre source de réussite. Au contraire, les établissements mal conçus et mal dirigés, semblables aux industries qui dégénèrent avant d'atteindre au dernier terme de la ruine, sont

(1) A Fourchambault.   (2) A Wesserling.

obligés de réduire de plus en plus le salaire des travailleurs et de ne garder que les plus mauvais, dernière source de perdition.

Il existe donc des liens d'inévitable solidarité entre les maîtres et les travailleurs, entre les bons maîtres et les bons ouvriers.

En définitive, quand le chef marche à la fortune, ses travailleurs obtiennent le bien-être ; et, quand il se ruine, sous quelque forme que soient régis ses ateliers, cette ruine descend jusqu'à l'ouvrier, auquel il ne reste, pour dernière et triste ressource, qu'à chercher un autre atelier et même une autre industrie, si c'est l'industrie qui dépérit ou reste en arrière.

La plupart des citoyens ignorent comment, aujourd'hui, se remplissent les innombrables positions que présentent les professions industrielles, à partir du rang de simple ouvrier ; c'est ce qu'il faut leur apprendre, afin qu'ils comprennent l'organisation bienfaisante et féconde qu'a produite en France la liberté, pour le bien-être de la population laborieuse.

Sous l'ancienne monarchie, les diverses professions étaient divisées, étaient isolées par corporations distinctes, exclusives, intolérantes. Ne pouvait pas alors être qui voulait chef d'atelier, quel que fût l'avantage qu'il y eût à devenir maître, et quel que fût le désavantage qu'il y eût à rester ouvrier compagnon.

Mais depuis notre première révolution, celle de 1789, tout ouvrier qui trouve trop faible sa part de compagnon peut s'établir maître à son tour ; il n'a plus besoin d'être reçu chef d'industrie ; il ne peut plus être repoussé, qu'il ait fait ou non son chef-d'œuvre.

Cette faculté si précieuse constitue maintenant la *liberté* de l'industrie.

Cette faculté n'est pas une lettre morte !

Aujourd'hui dix-huit cent mille citoyens, chefs de famille, exercent des industries patentées, attendu que chacun d'eux fait vivre au moins un compagnon.

Un bien plus grand nombre d'ouvriers, chefs de ménage, travaillent chez eux, en chambre, dans l'atelier de famille, sans payer aucune patente, et favorisés, par conséquent, au lieu d'être opprimés, comme ils l'étaient avant 1789.

Pour se former une idée juste de la situation des ouvriers adonnés à nos diverses industries et comprenant, l'agriculture exceptée, dix-sept millions d'hommes, de femmes et d'enfants, il faut, en premier lieu, compter tous ceux qui travaillent dans l'atelier de famille et qui composent beaucoup plus de la moitié des ouvriers. Dans l'autre partie, c'est pareillement beaucoup plus de la moitié qui ne compte pas au delà d'un compagnon par atelier.

En un mot, de même que la France est le pays de la propriété divisée, celui de la petite propriété, la France est le pays de l'industrie divisée et des petits ateliers.

Le premier, le plus précieux intérêt populaire est de savoir, avant tout, comment, pour la grande masse des industries, se forment, tour à tour, ces petits ateliers, créations du simple ouvrier.

Si l'ouvrier n'a reçu de la nature qu'une intelligence trop bornée, s'il n'est pas laborieux, actif et rangé, c'est en vain qu'il essaye de se faire chef d'atelier ; il ne peut pas réussir à se procurer ou du moins à conserver des pratiques : il finit par être obligé d'aller demander, comme subordonné dans l'atelier d'un autre, la subsistance qu'il ne peut plus se procurer en travaillant au sein de son propre ménage.

Lorsqu'il obtient de la sorte chez autrui la vie que, par lui-même, il ne pouvait pas assurer à lui, à sa femme, à ses enfants, nous le demandons aux hommes sincères, lorsqu'il ne peut pas avec fruit, pour employer un mot qui nous répugne ; lorsqu'il ne peut pas s'*exploiter lui-même*, dira-t-on, pour parler la langue de l'envie, qu'il se fait exploiter par autrui ; et que la société doit aviser pour empêcher ce qu'on appelle ici, par un triste abus des paroles, *l'exploitation de l'homme par l'homme ?*

Dans l'hypothèse où l'ouvrier est capable et rangé, dès qu'il a fini son apprentissage, il peut à son gré : ou rester chez son maître, y prospérer, y grandir, s'il y trouve plus d'avantage ; ou travailler à ses pièces, chez lui, pour lui.

Tous les petits ateliers des villes et des campagnes sont ainsi formés par de simples ouvriers arrivés au terme de leur apprentissage, aussitôt qu'ils ont fait un peu d'économies et souvent même, s'ils sont bons sujets, avant d'avoir fait d'épargnes, secourus qu'ils sont par des pratiques bienveillantes.

Le nombre des simples travailleurs qui se déterminent à tenter les chances de l'industrie indépendante et qui deviennent, par degrés, des chefs ayant des compagnons à leur solde, ce nombre est si considérable dans notre heureuse patrie, que plus de la moitié des directeurs d'ateliers et de manufactures ont commencé par être simples ouvriers. Autre fait extrêmement remarquable : les fortunes les plus colossales proviennent des industriels sortis du degré le plus inférieur pour monter au plus élevé; c'est la libéralité, c'est l'honneur de l'industrie française, et nous en sommes fiers pour elle !

A leur tour, les ouvriers, devenus maîtres de fabriques, forment d'autres ouvriers dont les meilleurs, dont les plus intelligents, exercés dans leurs ateliers, en sortent pour devenir aussi des maîtres, qui grandiront comme ont fait leurs devanciers.

Tel est le mouvement ascensionnel, de tous les lieux, de tous les jours, mouvement fécond, généreux, qui vivifie sans cesse l'industrie nationale. C'est un immense et libre concours de toutes les intelligences qui se développent, de toutes les expériences qui s'accumulent, de tous les perfectionnements de la main-d'œuvre et des produits, en un mot de tout le progrès des choses et des personnes, secondé plus ou moins par l'activité de chacun, par son esprit d'ordre, par son économie, par toutes les vertus qui, dans les métiers comme dans le monde, contribuent à la prospérité des hommes.

Dans ce mouvement fortuné de la population industrielle, l'intérêt personnel, c'est-à-dire entre tous les conseillers le plus complaisamment et le mieux écouté, l'intérêt personnel appelle à chaque instant chaque chef d'atelier à choisir, à préférer pour contre-maîtres et pour ouvriers de chaque rang, les plus adroits, les plus expérimentés, les plus intelligents et les plus rangés, en un mot, et dans toute l'étendue du terme, les meilleurs sujets et les plus distingués. Son intérêt, celui de sa fortune ou sinon de sa ruine, est d'avancer chacun suivant son mérite et de le rétribuer suivant son travail ; n'eût-il pas l'amour de la vertu, c'est par égoïsme qu'il serait tenu d'être équitable, dans la division, la répartition et la récompense du travail.

Voilà ce qui peut expliquer l'avancement nécessaire de tous les sujets d'un vrai mérite, et de chacun suivant son mérite, dans cette grande et libre armée industrielle, où les généraux les plus renommés ont aussi commencé par être soldats.

Nos armées républicaines où, dans leurs plus beaux jours de gloire, on a vu des derniers rangs sortir ainsi de tels chefs, oserait-on les définir *l'exploitation de l'homme par l'homme?* Non! Le spectacle contraire, qu'elles ont offert à l'univers, c'est la justice de l'honneur, employée à tirer de la foule, à promouvoir, à graduer, parmi les masses et sur le champ de bataille, quiconque tend à s'élever par son courage et son intelligence.

Il faut mettre en lumière d'autres résultats relatifs aux établissements d'industrie qui, pour prospérer, ont besoin de grands capitaux et qui réunissent, à l'ombre du même toit, un nombre d'ouvriers considérable.

C'est depuis le commencement de ce siècle, et surtout depuis la paix générale, que ces vastes établissements se sont développés, en France, avec une merveilleuse rapidité. Les industries pratiquées dans les grandes manufactures sont des créations la plupart nouvelles. Il a fallu que les fabricants qui les introduisaient sur notre sol demandassent aux adultes employés par les industries plus anciennes, ou bien à la jeunesse encore inoccupée, des essaims de travailleurs : ceux-ci n'ont préféré les professions d'un genre nouveau qu'en obtenant des salaires supérieurs à ceux des professions existantes.

C'est donc en améliorant la condition des travailleurs, et non pas en l'empirant, que les grandes manufactures ont rassemblé, ont conservé leurs ouvriers. Loin qu'il en soit résulté, pour ceux-ci, des souffrances ou de la misère, leur bien-être s'est accru, par l'effet d'un libre appel au travail collectif.

Dans ces conditions nouvelles et meilleures données à la classe ouvrière par les grands manufacturiers, nous le demandons, serait-il équitable, serait-il sensé de voir, avec la mauvaise acception du mot, l'*exploitation de l'homme par l'homme?* — La Société d'encouragement n'hésite pas un instant à déclarer le contraire, et, d'un bout à l'autre de la France, tous les bons ouvriers partagent la même conviction.

L'agrandissement des manufactures, loin de porter atteinte à l'aisance des travailleurs, tend, au contraire, à l'améliorer.

Les frais généraux restant à fort peu près les mêmes lorsqu'une manufacture accroît sa production, et le travail pouvant être *mieux divisé, mieux réparti* suivant l'aptitude et l'habileté d'un plus grand nombre d'ouvriers, le travail alors produit davantage. Par là les plus puissantes fabriques, toutes choses égales d'ailleurs, sont en état de vendre à plus bas prix.

Qu'en résulte-t-il? que les pays de plus grandes manufactures peuvent le mieux payer les ouvriers, et que les pays de moindres manufactures sont forcément obligés de les payer plus mal.

Un pareil résultat frappe les observateurs attentifs, lorsqu'ils comparent les filatures à la mécanique de l'Alsace et de la Flandre française. Les premières sont presque doubles en grandeur moyenne et font, en moyenne aussi, travailler deux fois autant d'ouvriers que les secondes ; par cela seul elles peuvent payer plus cher un même nombre d'heures de travail, ou, moyennant le même prix, demander à l'ouvrier de moins longues journées.

Le seul remède à cette inégalité, c'est d'encourager, de favoriser, dans la Flandre française et dans les départements les moins avancés, l'agrandissement des manufactures, afin qu'elles arrivent aux mêmes conditions de prospérité, pour la classe ouvrière, que celles où sont arrivées les fabriques de l'Alsace.

Nous avons montré, depuis un demi-siècle, le progrès de nos manufactures les plus importantes. On les a d'abord établies dans des proportions modestes, avec des capitaux restreints, et surtout avec du crédit; leurs bénéfices ont permis de rembourser les avances qu'exigeait leur création, puis ont permis de les agrandir et de les multiplier. De proche en proche, le territoire des départements les plus heureusement situés s'est couvert de fabriques, où la population, attirée par l'avantage des salaires, a trouvé l'occupation et le bien-être.

Si dès le commencement de ce siècle, lorsque le Premier Consul prodiguait les encouragements aux fabriques françaises, il avait, au contraire, déclaré *la guerre* aux capitaux productifs, éventré la poule aux œufs d'or, et retranché la part de profits qui permettait, aux manufacturiers, d'agrandir et de multiplier leurs établissements, alors les magnifiques industries qui font vivre aujourd'hui nos ouvriers par centaines de mille, ou n'auraient pas été fondées, ou seraient restées petites, stationnaires et misérables. Pendant ce temps, l'Angleterre, les États-Unis, la Suisse, l'Allemagne et tous les autres pays manufacturiers auraient pris sur nous une énorme avance; ils nous auraient exclus des marchés de l'univers, et se seraient emparés de notre propre marché.

Ainsi parle l'expérience. Ainsi répond-elle victorieusement à des projets injustifiables ayant pour but : d'un côté, d'attaquer, d'entamer les capitaux producteurs ; de l'autre, d'amoindrir, au nom de la force et de la peur, les bénéfices naturellement et loyalement obtenus, par les promoteurs, par les bienfaiteurs de l'industrie nationale. Ainsi répond-elle, au nom de l'humanité même, à des projets ayant pour résultat progressif d'appauvrir d'abord et d'anéantir, à la fin, des manufactures de la plus haute importance, naturalisées en France, et qui font vivre des populations entières, par des miracles d'activité, de bon ordre, de patience et de génie.

En pleine paix, avec la concurrence formidable des nations circonvoisines et surtout de l'Angleterre, les bénéfices des fabricants étrangers restant les mêmes, si ceux des nôtres étaient tout à coup et forcément réprouvés, confisqués, nous le demandons, quelle concurrence efficace nos manufacturiers pourraient-ils soutenir encore ? Il faudrait abandonner 800 millions de produits annuels vendus au dehors par l'industrie nationale. Dès lors, huit cent mille ouvriers, qui nourrissent le double de femmes et d'enfants, seraient privés d'emploi, d'habits, de gîte et de pain; et c'est là qu'on arriverait en croyant avoir mis en pratique un moyen nouveau, merveilleux d'être utile aux travailleurs ! Ce qu'on aurait mis en pratique, c'est l'appauvrissement égalitaire, et la philanthropie de la famine...

Lorsqu'on pénètre le secret des affaires industrielles, qu'aperçoit-on trop souvent, sous le dehors des profits les plus attrayants? Des sources cachées de revers inévitables, dont les déductions réduisent aux résultats les plus modestes la valeur définitive des revenus manufacturiers. Souvent même, loin que les revenus restent quelque chose, le fabricant se trouve en perte. L'ouvrier, cependant, continue d'être payé; il l'est sur le capital. Le manufacturier, qui sent la terre manquer sous ses pas, saisit en idée le moindre rameau qu'il croit pouvoir le sauver; il se cramponne à l'espérance ! il continue le jeu de sa décadence, et, dans l'expectative d'un retour à la fortune, ce qu'il trouve au terme de cette pente, c'est la ruine finale. Ainsi, tels établissements qu'on enviait, qu'on admirait, on les voit tout à coup tomber, même au milieu des temps paisibles, où la confiance est au comble, et fait si vite oublier la prudence.

Que n'aurions-nous pas à dire des époques exceptionnelles et calamiteuses, non moins inévitables, dans les phases de l'industrie, que les orages et la foudre dans les plus beaux étés de nos climats !

On peut juger, d'après ces considérations, à quel point il est difficile de scru-
ter, de peser avec rigueur, et pourtant avec équité, les bénéfices obtenus par
les industries même les plus brillantes. Dans leur ensemble les profits ont été,
pendant plusieurs années, assez grands pour permettre l'heureux progrès dont
nous avons donné l'idée. Mais, ne craignons pas de le dire encore, par combien
de vicissitudes, effets d'événements extérieurs et de force majeure, par combien de mécomptes, de pertes et de revers n'a-t-on pas acheté cette prospérité !

Il faudrait que les fabricants eussent tous une intelligence supérieure, une
prévoyance plus qu'humaine et, pour ainsi dire, le talent de la divination, pour
n'être pas tour à tour victimes des crises intermittentes, ou politiques ou com-
merciales, qui viennent frapper le commerce, paralyser la fabrication, et, par
l'avilissement inopiné des prix, ruiner les établissements les plus prospères.
Ainsi des fabricants célèbres et des plus capables, les *Richard Lenoir,* les *Ter-
naux,* les *Poupard de Neuflize,* après avoir admirablement agrandi, perfectionné leurs industries respectives, ont fini par perdre toute leur fortune.

On tomberait donc, ne craignons pas de le dire, on tomberait dans une er-
reur grave et funeste, si l'on pensait qu'en définitive, aujourd'hui, les chefs de
l'industrie française obtiennent des conditions de prospérité réellement excessives : des conditions qui justifieraient, ou du moins absoudraient, tout projet
coercitif ayant pour but de transférer à leurs travailleurs une part forcée de
leurs bénéfices, afin de supprimer leurs moyens de fortune, comme on supprime un délit, un crime, par des mesures préventives, décorées du beau nom
de socialisme.

Des amis de l'humanité, dont nous concevons les illusions généreuses, dont
nous respectons même les erreurs, trouvant trop faible la rémunération des
ouvriers, telle que l'établit la libre concurrence, au sein d'un même pays,
voudraient, en effet, substituer, au prix loyalement débattu entre le maître et
l'ouvrier, des conditions nouvelles, établies de force et subies par le fabricant.

Sans compter les motifs puissants que nous venons de faire valoir, la liberté
dans l'industrie est, à nos yeux, un bien si grand, une condition si nécessaire
de puissance et de progrès, que ses droits nous paraissent devoir dominer toutes
les théories, toutes les conceptions, tous les projets imaginés, même dans le
dessein, mal étudié, mais louable, de favoriser les travailleurs.

L'industrie manufacturière, en cela semblable au commerce, n'est pas,
comme l'agriculture, inévitablement enchaînée au sol : alarmez, maltraitez, dé-
cimez ses capitaux, et vous l'allez voir déserter une patrie qui la traiterait en
marâtre. Retirez à l'industrie la liberté complète qu'elle a conquise en 1789
par l'abolition des maîtrises, des corporations et des priviléges ; supprimez ses
garanties, afin de faire triompher je ne sais quelle orthodoxie communiste ;

déchirez son édit de Nantes, et vous allez la voir au xixᵉ siècle, ainsi qu'on l'a vue au xviiᵉ, quitter en pleurant, mais quitter le pays natal, pour transporter de nouveau ses métiers les plus précieux en Angleterre, en Suisse, en Prusse, en Hollande et jusqu'aux États-Unis. Ces émigrations ruineuses pour la patrie, déplorables pour son honneur, révéleraient aux peuples des deux mondes jusqu'où pourrait aller l'abus, l'excès d'un pouvoir ultra-réglementaire, exercé pour satisfaire en apparence, et seulement en apparence, à des sentiments généreux. Au lieu de propager dans l'univers l'amour des idées françaises, les fabricants expatriés en propageraient le mépris et l'exécration, comme ont fait les réfugiés de 1685, expulsés par le despotisme du grand règne de Louis XIV.

Descendons un moment, des considérations les plus élevées et les plus générales, à l'un des cas spéciaux qui, depuis quelque temps, ont fixé l'attention publique. Nous allons si loin dans notre amour des libertés de l'industrie, que nous ne pouvons pas même approuver sans réserve la suppression des sous-entreprises connues sous le nom de *marchandage*. Ici l'ouvrier se plaint, non pas d'être exploité par son patron, mais par un ouvrier comme lui. Nous voudrions qu'on cherchât, avec zèle, avec sincérité, les moyens de remédier aux abus du marchandage ; nous voudrions que le patron intervînt comme partie contractante, afin de protéger, avec bienveillance, avec sollicitude, jusqu'au dernier des travailleurs. Alors on n'éprouverait plus aucun besoin, aucun désir d'interdire, et surtout par acte public, des transactions intermédiaires, qui sont un premier degré par où les ouvriers habiles, actifs, entreprenants peuvent arriver aux positions supérieures de notre industrie.

Malgré nos penchants éclairés et fortifiés par l'expérience, abandonnons pour un instant ce grand principe de liberté, qui devrait surtout être sacré dans un pays républicain. Ne consultons que l'utilité matérielle, absolue de l'ouvrier ; demandons-nous s'il est possible de la servir par des conditions coercitives, exigeant du manufacturier, sous quelque forme que ce soit, un salaire supérieur à celui que produirait la libre et juste convention qu'il peut conclure avec ses ouvriers ?

Aujourd'hui, quelle est la base inaperçue, mais certaine, du salaire obtenu par le simple manouvrier, dans les grandes manufactures ? C'est la valeur comparative de la force donnée par le cheval de manége, ou par le cheval de vapeur, ou par l'action du vent, ou par l'action de l'eau, pour égaler le travail de l'homme.

Supposez que, tout à coup, ce travail des animaux, ou de la vapeur, ou de l'air, ou de l'eau, restant au même prix, le législateur, pour favoriser le travail humain, le renchérisse par un acte d'autorité ; c'est ce qu'il peut faire en deux manières, soit par un prix constant de la journée rendue plus courte, soit par le prix supérieur d'une même longueur de journée.

A l'instant même, au sein des manufactures, l'équilibre des forces productives se trouve rompu ; le travail animal, ainsi que le travail mécanique, devient plus économique, et le travail humain plus dispendieux.

Si le manufacturier, comme il arrive toujours, ne peut se défendre des concurrences, soit au dedans, soit au dehors, que par des économies incessantes, il n'aura plus d'autre ressource que de restreindre le travail à prix forcé produit par l'homme, en le remplaçant par le travail à prix libre et moins onéreux produit par les animaux, ou par l'eau, ou par le vent, ou par la vapeur.

Ainsi l'acte bienveillant de l'autorité suprême, imaginé dans le dessein d'améliorer le sort des ouvriers, aurait pour résultat infaillible de resserrer, de diminuer, de défavoriser le travail humain ; il priverait de tout emploi des masses de travailleurs.

C'est le résultat contraire auquel il importe de parvenir.

Ira-t-on jusqu'à dire, en désespoir de cause, qu'il faut non-seulement rehausser, par acte coercitif, le salaire de la main-d'œuvre, mais, de plus, interdire, au nom de la loi, tout perfectionnement, toute réduction de prix dans les forces mécaniques ?

La Société d'encouragement deviendrait alors un établissement nuisible ; ses programmes, ses prix seraient un appel au malheur public, et ses récompenses les plus fécondes se trouveraient transformées en mauvaises actions.

Si, par un intérêt mal entendu pour les travailleurs, un système aussi monstrueux pouvait être mis en pratique, on arrêterait tout progrès ; on nous rendrait stationnaires, lorsque les nations rivales avanceraient à grands pas et nous ôteraient notre part sur tous les marchés de l'univers, non-seulement hors de France, mais même au sein de la France, dussions-nous l'entourer d'un triple mur de la Chine.

Puisqu'une inévitable nécessité commande aux nations modernes d'avancer toujours dans l'amélioration de leurs arts et dans l'accroissement des forces empruntées à la nature, non pas pour appauvrir le genre humain, mais pour l'enrichir au moyen de produits plus abondants, il ne nous reste plus qu'à chercher les meilleurs moyens d'empêcher que ces biens généraux ne soient acquis à la société, aux dépens des existences individuelles.

C'est à l'Etat, c'est à la société de songer au devoir d'assurer l'existence aux individus privés d'emploi par des inventions nouvelles ; une administration tutélaire et vigilante ne doit jamais cesser d'avoir les yeux ouverts sur de pareils besoins. Elle y peut satisfaire au moyen des travaux publics. Il faut les varier, il faut les multiplier dans certains cas, sauf à les restreindre plus tard, lorsque l'industrie, par ses retours alternatifs, demandera de nouveaux travailleurs.

En définitive, au lieu de proscrire les perfectionnements et les inventions du génie, au lieu de hausser artificiellement avec tyrannie le taux des salaires, au lieu de rêver des luttes à la fois inefficaces et fatales, il est un moyen plus intelligent, plus équitable et plus puissant d'enrichir les travailleurs : c'est d'augmenter leur valeur personnelle, c'est de perfectionner et d'accroître leur force productive.

Nous pouvons atteindre ce noble but, en développant leur intelligence par l'instruction et leur moralité par l'éducation, en leur apprenant la dextérité, cet art de faire vite et bien, qui sait économiser la force au lieu de la prodiguer. Nous pouvons enseigner aux élèves de l'industrie le perfectionnement des *sens travailleurs*, le toucher, l'ouïe et surtout la vue. Nous pouvons mettre à leur portée les éléments des sciences utiles, la géométrie, la mécanique, la physique et la chimie, qui s'appliquent à chaque instant à la conception, à la pratique, au progrès des arts et métiers.

Qu'on voie les résultats obtenus déjà, malgré ce qu'ont d'incomplet encore et d'imparfait l'éducation et l'instruction des ouvriers.

Dans le même atelier où le simple manouvrier gagnera 2 francs au plus, l'ouvrier d'art, l'ouvrier d'intelligence obtiendra 3 fr., 4 fr.; 6 fr., 8 fr., 10 fr., 12 fr.; il gagnera, dans la partie supérieure de certaines professions, 15 fr. et jusqu'à 20 fr. par jour.

Les 2 francs du manouvrier, qui payent uniquement sa force physique, sa force brute, pour porter, tirer, traîner, tourner, comme le ferait un cheval, un piston, une roue, une aile de moulin, ces 2 francs restent un même salaire payant le même labeur de l'homme de peine, réduit à sa puissance animale; tandis que les 3, les 4, les 6, les 12 et les 20 francs sont acquis à l'artisan dont nous avons étendu, aiguisé, fortifié les facultés intellectuelles, dont nous avons accru le savoir et fécondé l'expérience. Par conséquent, toute la richesse personnelle créée progressivement par ce surplus de salaire, et tout le bien-être qui s'ensuit, pour l'ouvrier perfectionné, n'ont rien ôté de ce que gagne l'ouvrier-machine, l'ouvrier stationnaire, l'ouvrier-borne, qui reste réduit à sa faculté musculaire.

Ce n'est point dire assez : quand la grande majorité des ouvriers perfectibles s'élève ainsi par ses efforts, le petit nombre qui n'a pas su, qui n'a pas voulu ou qui n'a pas pu suivre un mouvement si fortuné, ce petit nombre profite encore des progrès que l'industrie doit à ses ouvriers d'élite. Les produits perfectionnés sans les renchérir, ou faits à meilleur marché sans les détériorer, pour le vêtement, pour le logement et pour l'alimentation, permettent au moindre manouvrier d'ajouter à son bien-être, en se procurant avec sa paye, restât-elle immuable, un plus grand nombre d'objets d'art, mieux appropriés à ses besoins. Nous le demandons, pourrait-il se plaindre du bienfait qu'il reçoit ainsi de tous les bons travailleurs, et qu'il ne rend à personne ?

En définitive, cette élévation graduelle d'un nombre toujours croissant d'ouvriers rendus plus habiles, plus producteurs et plus fortement rétribués, voilà le progrès que la Société d'encouragement a dû, sans cesse, recommander, favoriser, récompenser.

Ce progrès est celui que nous recommandons plus que jamais, lorsque nous nous adressons au législateur de la nouvelle république, en lui demandant des écoles primaires industrielles et des écoles secondaires pour offrir à la jeunesse ouvrière tous les perfectionnements que peuvent recevoir leurs mouvements mécaniques, et l'exercice de leurs sens, et l'application fructueuse de leur intelligence.

La nation française est, entre toutes, la plus heureusement, la plus généreusement douée de cette intelligence vive et pénétrante, si remarquable dans nos armées, chez les sous-officiers et chez les simples soldats.

Cette intelligence, cultivée sur une vaste échelle, nous ne craignons pas de le dire, elle peut produire, dans le court espace d'une génération, des résultats gigantesques, et placer l'industrie nationale hors de pair, en comparaison des industries du reste de l'univers.

Plus on aura multiplié, si l'on veut suivre cette route, le nombre des habiles ouvriers, plus on aura développé les facultés de leur esprit et leurs sentiments moraux, plus on aura travaillé pour fortifier, entre les chefs de l'industrie et les ouvriers de tous les degrés, la bienveillance, la sympathie et la vraie fraternité. On aura, par ce moyen, consolidé de plus en plus la paix de l'état social, bien mérité de la France, et préparé des progrès immenses à la civilisation.

Nous n'avons pas encore abordé la partie extrême des innovations. Dans leurs projets d'améliorations industrielles, quelques personnes ont imaginé, purement et simplement, la suppression des chefs de l'industrie particulière. Elles n'ont pas un moment supposé qu'il restât encore des lois à la France, et que la confiscation des biens, des industries, des existences était défendue, de par nos droits de citoyens ! Elles ont dédaigné bien plus que les lois de l'homme, elles ont méconnu jusqu'aux lois de la nature. Non-seulement elles ont imaginé la suppression de l'intérêt privé, de la possession individuelle et du succès personnel, dans le travail des ateliers ; elles conçoivent un cœur humain, qu'elles pétrissent au gré de leurs utopies, pour procurer un succès fantastique à leurs systèmes impossibles.

En dehors de la marche naturelle et libre de l'industrie nationale, telle que nous l'avons montrée dans ses progrès, on a conçu, pour mieux favoriser les travailleurs, des ateliers égalitaires, où le capital ne serait plus la propriété d'un chef, mais le bien indivis de tous. On va, nous assure-t-on, tenter de grands essais de ce genre, aux frais du trésor national.

Nous serions heureux de ne pas croire à l'extrême difficulté d'établissements de ce genre; s'ils obtiennent un bon chef, électif si l'on veut, qui s'identifie avec son atelier, qui s'en occupe avec autant de zèle, d'activité, d'ardeur et d'efforts d'esprit que s'il avait à soigner sa propre fortune; si tous les sous-chefs ont, dans leur sphère, les mêmes vertus que le chef, et dès capacités correspondantes; si tous ménagent les matières, les outils, le local de la communauté, comme si c'était leur propre bien; si chaque ouvrier, n'ayant plus peur d'être expulsé ni réduit de paye, travaille pour tous les autres comme il travaillerait pour lui-même : en supposant qu'on réunisse à la fois toutes ces conditions de prospérité, l'établissement modèle réussira.

Ces conditions indispensables, disons-le pour être vrais, jusqu'ici, dans aucun pays célèbre par son industrie, elles n'ont été communément, durablement réunies.

C'est pourquoi, jusqu'à ce jour, les essais considérables tentés en Angleterre, en Allemagne, aux États-Unis, en France même ont fini par échouer misérablement.

Ainsi parle l'expérience du passé, qui ne sait pas flatter les illusions du présent. Mais, nous le répétons, nous ne voulons point prédire irrévocablement un sort pareil aux établissements qu'on essaye aujourd'hui de fonder, et nous formons des vœux pour leur succès.

A l'égard de certains travaux, simples et faciles, qui n'ont pas besoin de grands capitaux ni d'un grand crédit, nous concevons que des ouvriers d'élite et d'une moralité rare, animés d'un même esprit et d'une sympathie constante, pourront travailler et bénéficier en commun. Mais, il faut des *frères moraves*, ou leurs égaux en vertu, pour présenter le spectacle d'une prospérité pareille. Nous serions trop heureux de voir naître et grandir beaucoup d'associations de ce genre, empruntées aux miracles des déserts de la Thébaïde et faisant fleurir sur notre sol autant d'oasis sacrées, au milieu d'une génération que corrompent tant de passions et de vices, empoisonnés par tant d'égoïsme!

Après avoir expliqué les conditions nécessaires à la prospérité de l'industrie française, considérée dans son ensemble, nous croyons devoir présenter un examen particulier de l'industrie spéciale des cités les plus populeuses et les plus opulentes, telles que Lyon et Paris.

Il faut considérer sous deux points de vue cette industrie : en premier lieu dans ses rapports avec le sort des ouvriers, en second lieu dans ses rapports avec la fortune des consommateurs.

Les ouvriers des grandes cités, et surtout ceux de la capitale, sont obligés de suffire à des dépenses plus étendues et plus variées, non-seulement de première nécessité, mais de nécessité conventionnelle puisée dans les habitudes; c'est pour eux un besoin d'obtenir de plus forts salaires que dans le reste du pays. Il est juste aussi de le dire, ils sont de beaucoup supérieurs à l'immense majorité des ouvriers, de même profession, dans les petites villes et dans les campagnes; les produits qui sortent de leurs mains sont plus soignés, plus finis, plus parfaits, et sont pourtant exécutés avec plus de rapidité.

Les cités du premier ordre ne pourraient pas continuer les industries qui les font vivre, si l'on voulait réaliser la pensée de réduire au même taux les salaires affectés à chaque profession, d'un bout à l'autre de la France.

La subversion de toute équité, qui pousserait jusque-là ses conséquences radicales, aurait pour résultat direct, immédiat de ruiner les ouvriers de Paris et de Lyon, en les rétribuant au-dessous de leur talent comparatif et de leurs travaux effectifs; le tout en l'honneur d'une égalité théorique et chimérique.

Nous croyons superflu d'ajouter qu'un semblable projet ne pouvait pas soutenir un examen sérieux, et ne l'a pas soutenu.

Il faut actuellement tourner nos regards vers les ouvrages mêmes de l'industrie, et les classes de consommateurs qu'elles ont pour but de satisfaire.

Arrêtons notre pensée sur quelques-unes des professions les plus remarquables de Paris et de Lyon ; c'est le travail des soieries et du cachemire, la fonte et la ciselure des bronzes, l'orfévrerie, la bijouterie, l'horlogerie civile et nautique, l'art de confectionner les meubles et les tentures, l'infinie variété des objets de mode, l'ornementation des tissus, la peinture sur porcelaine, la taille élégante des cristaux, toutes les délicatesses que le bon goût et l'imagination peuvent inventer pour ajouter à l'agrément, à la beauté du produit des arts utiles, la fabrication des instruments scientifiques et des instruments propres aux beaux-arts, tous les arts intellectuels ou matériels qui se groupent autour de la typographie, les arts scéniques et les industries si multipliées qu'ils font vivre, etc. Telle est, en abrégé, l'industrie parisienne et lyonnaise, à la fois artisanesque, artistique et savante.

La plupart de ses produits sont appropriés à l'usage des capitalistes ou des propriétaires ayant assez de revenu pour rendre somptueuses et leur demeure et leur parure. Les ouvriers de Paris, comme ceux de Lyon, ont, par conséquent, un intérêt vital à ce que la société française conserve, disons plus, accroisse au moyen de l'industrie, les fortunes indépendantes assez fortes pour demander aux arts perfectionnés ces jouissances délicates qui sont l'ornement et le charme de la civilisation, chez un peuple enrichi, illustré par le travail et le génie de ses enfants.

C'est donc surtout à Paris, à Lyon que l'ouvrier, s'il n'est pas aveuglé ni trompé sur son propre intérêt, ne doit voir, dans les capitaux importants accumulés par le travail des générations successives, qu'un dépôt productif dont les revenus lui sont versés, sous mille formes de commandes : revenus qu'il reçoit en échange des ouvrages que produit son industrie perfectionnée.

Choisissons un exemple considérable pour l'industrie de Paris. Essayons, par des mesures puissantes, de diminuer beaucoup, en France, le nombre des voitures de maître ; essayons de diminuer le nombre des chevaux de luxe : aussitôt seront atteintes les nombreuses industries qui se rattachent à la confection des voitures et des harnais, par la mise en œuvre du métal et du cuir pour la sellerie, par l'emploi du bois, du fer, de l'acier et du cuivre pour la caisse et les roues, par le travail de la tapisserie pour l'intérieur et les siéges de cocher, etc., etc. Toutes ces industries vont souffrir en même temps, et l'ouvrier de Paris pâtira d'autant.

Supposons que, par des mesures indirectes ou directes, on éloigne de Paris les possesseurs de grandes fortunes ; supposons qu'on imagine de rendre plus onéreuse la somptuosité des appartements ; supposons qu'on retire aux propriétaires ainsi qu'aux locataires, par des surcharges excessives, une partie considérable de leurs revenus.

A l'instant même on frappe d'un coup sensible toutes les industries qui dépendent du bâtiment ; on ralentit, on arrête les constructions des édifices nouveaux ; il faut que l'architecte proportionne des appartements plus mesquins pour des revenus réduits ; il faut partout supprimer les ornements. Adieu la peinture, et la sculpture, et la ciselure ; adieu les meubles pittoresques, imités de la renaissance ; adieu les riches tentures décorées par les beaux arts ; adieu même aux tentures unies, mais somptueuses ! La moire, le damas, le satin, le velours feront place aux soieries légères ; la soie la plus simple fera place à la popeline, la popeline à l'indienne, et l'indienne à l'humble papier. Les tapis deviendront plus rares et plus communs. Les parquets, si confortables, feront place au carrelage. Les dorures, les bronzes, les stucs, les marbres, à leur tour, seront exclus des appartements. Ainsi, de proche en proche, les produits de l'industrie caractéristique de Paris et de Lyon seront forcés de déchoir, et de ne plus aspirer à la perfection, à la splendeur. Il faudra se réduire à fabriquer du commun, à n'en fabriquer que pour une moindre valeur ; ce qui fera souffrir d'une même souffrance, et les chefs d'industrie, et les contre-maîtres, et les simples ouvriers.

Aujourd'hui Paris est devenu si considérable, au point de vue manufacturier, que la valeur des produits sortis de ses barrières et fabriqués ou du moins embellis par ses ouvriers, par ses artistes, cette valeur surpasse la somme de 150 *millions de francs par année*.

Agissez de telle sorte que Paris ne soit plus le séjour des grandes fortunes, la scène splendide, animée, du luxe et de l'élégance, où le goût, si développé, si délicat, si changeant, si fécond, offre sans cesse aux autres nations de nouveaux modèles à suivre et des chefs-d'œuvre à demander ; passez le niveau de l'inepte et du barbare sur tout ce qui paraît d'éminent par la perfection : aussitôt vous verrez les autres peuples oublier Paris avec ses modèles déchus. Alors les millions que l'étranger nous payait, en tribut de son admiration passée, iront chercher, dans quelque autre capitale, les objets d'art et de mode que votre ville appauvrie, abrutie ne sera plus capable de leur procurer.

Telle est l'influence des grandes fortunes, ou maintenues ou supprimées, sur la ville de Paris et sur celle de Lyon.

Même à l'époque rigoureuse de 1792 à 1795, la moins favorable de toutes aux splendeurs de l'opulence, on avait conçu l'utilité, la nécessité, pour Paris, de conserver dans son éclat le grand Opéra français, qui réunit en un seul art un si grand nombre d'arts ; on l'avait pompeusement appelé le *théâtre de la nation*. Eh bien, Paris, avec ses magnifiques industries, inimitables pour le reste du monde, Paris lettré, savant, artistique, industriel, Paris, à bien plus juste titre et dans une acception plus vaste du mot, c'est le théâtre de la nation, c'est le théâtre des nations. Conservez-lui donc sa dotation naturelle, l'intégralité des fortunes qui sont sa vie et qui défrayent sa grandeur.

Ne parlons pas du nombre infiniment petit des grandes existences issues d'un antique ordre de choses depuis longtemps disparu. Considérons les propriétés acquises par les bienfaits du travail, celles qui méritent au plus haut degré les sympathies de la Société d'encouragement.

Depuis que les peuples modernes, au sortir du moyen âge, ont pu jouir de leur labeur, accumuler *des capitaux roturiers*, non point par la conquête, ni par la faveur, ni par la spoliation, mais par des efforts incessants, opiniâtres et de plus en plus ingénieux, les gens de métier se sont enrichis pas à pas. Les uns ont acquis de la terre, les autres ont bâti des ateliers ou des magasins, ou des boutiques ; ils ont grandi, ils ont prospéré de génération en génération, répétons-le, par le fruit honnête et sacré de leur travail.

Cette source d'opulence des peuples industrieux, tels que sont les Français, les Hollandais, les Anglais et les Anglo-Américains, veut-on s'en former une idée juste ? qu'on la compare avec la source des trésors les plus fabuleux, avec les trésors que le Mexique et le Pérou, pendant trois siècles, ont versés chez des conquérants peu favorables au travail. Au bout de trois cents années ces ruisseaux d'or ont à peine laissé des traces sur le territoire espagnol ; ils l'ont sillonné comme un pactole dont les eaux emportent leur trésor pour le perdre dans la mer. Qu'en est-il résulté ? Tandis que, chez les quatre nations éminemment laborieuses, le simple travail de leurs laines, de leurs soies, ou des cotons étrangers, l'exploitation de leur fer et de leur charbon minéral, la pêche de leurs rivages et la récolte de leur sol ont rendu riche le commun peuple, celui d'Espagne a fini par être couvert de haillons, digne vêtement de son oisiveté.

A présent il faut savoir si nous chercherons à rétrograder, si nous chercherons à détourner l'heureux cours de l'opulence nationale, à dessécher les canaux par où s'alimentent les plus riches industries, en faisant la guerre à la richesse elle-même, en atrophiant tous les arts, tels que ceux de Paris et de Lyon, qui satisfont à l'élégance, à la splendeur, au bon goût et dans la France et dans l'univers civilisé ? Voilà la question telle que nous la posons ; et nous ne craignons pas d'appeler sur elle l'attention la plus sérieuse des législateurs de la France.

Si l'on adoptait, pour solution définitive, celle qui frapperait au cœur toutes les industries délicates et perfectionnées, ornement et symbole de l'aisance et des facultés industrielles d'un peuple opulent et policé, c'en serait fait de la prospérité, nous dirons presque de l'existence de Lyon et de Paris. Les batailles populaires, livrées et gagnées dans la capitale, l'auraient été pour accélérer la misère et consommer la ruine de ses chefs d'ateliers et de tous ses bons travailleurs ! Telle est la simple vérité, dite sans art et sans fard.

Après avoir indiqué les conditions industrielles et sociales de notre pays, qui sont utiles à la prospérité, ce n'est point dire assez, qui sont nécessaires à la vie des ouvriers dans les grandes cités comparables à Lyon et surtout à Paris, nous jetterons un dernier regard sur le bien que l'Etat et la société peuvent faire aux travailleurs.

Déjà nous avons signalé les services du premier ordre que les ouvriers peuvent et qu'ils devront recevoir d'un enseignement primaire et technique largement établi et bien gradué, depuis les salles d'asile et les écoles primaires jusqu'aux écoles d'arts et métiers, et jusqu'aux conservatoires de l'ordre le plus éminent, réservés pour les adolescents et pour les jeunes adultes.

Au mois de février dernier, une des chambres législatives alors existantes discutait, avec un zèle infini, la protection qu'il convient d'accorder au travail, à l'instruction, à la santé, au bien-être des enfants, des adolescents, des filles et des femmes, dans nos ateliers et dans nos manufactures. Espérons qu'aucune des vues d'amélioration présentées à cette époque ne sera perdue pour l'humanité.

Pourquoi maintenant ne parle-t-on que des bienfaits à procurer aux travailleurs adultes et du sexe masculin? pourquoi toujours et partout l'adoration, l'adulation du plus fort? Ce devrait être du sexe le plus faible et le moins heureux que devrait, avant tout, s'occuper la générosité française; il n'y aurait pas seulement là magnanimité, mais justice et surtout humanité. Est-ce que la fraternité, qui sert de texte à tant d'homélies sur les frères travailleurs, ne s'entend pas aussi des sœurs ouvrières, bien qu'elles soient nos filles, ou nos femmes, ou nos mères?

S'il est utile d'établir des écoles pour les hommes, il est beaucoup plus utile encore d'en établir pour les femmes. La loi de l'instruction primaire semble ne s'être occupée que des premiers; tout est à faire en faveur des dernières. Voilà l'oubli déplorable que nous demandons au gouvernement de réparer avec grandeur.

Tout ce qu'on fera pour le sexe qui donne des mères à nos enfants sera fait pour nos enfants mêmes. Les femmes, une fois instruites, deviendront les plus tendres, les plus zélés et les meilleurs de tous les instituteurs, autour du foyer domestique.

Il faut aviser aux professions où l'on peut faire une part meilleure aux femmes; il faut chercher des occupations qui puissent leur procurer un salaire moins tristement inférieur à celui des hommes.

C'est parce que les industries où peut atteindre la femme ne sont pas assez nombreuses, assez fécondes, que le prix de son travail est avili.

N'est-ce pas un triste spectacle de voir réclamer, au nom de l'humanité, 3 fr., 4 fr., 5 fr. par jour pour des ouvriers, actifs ou non, industrieux ou non, et n'avoir pas même un soupir à donner aux malheureuses ouvrières qui, dans Paris, pour une foule de travaux, en travaillant du matin au soir et plus longtemps encore, ne peuvent pas gagner 1 franc par jour! La vertu même est soumise à des épreuves surhumaines lorsque l'excès du labeur de ces pauvres créatures ne suffit pas à leur donner le plus strict nécessaire!

On n'a pas fait valoir, en faveur des moteurs mécaniques, le plus grand service qu'ils aient la faculté de rendre à l'humanité. Partout où des moteurs de ce genre fournissent la force première, les femmes peuvent trouver l'exercice de leur agilité, de leur adresse et de leur intelligence, car on n'a plus à leur demander une force musculaire que la nature ne leur a pas accordée.

Voyez, en effet, les ateliers de filature et de tissage à la mécanique. C'est là que les femmes obtiennent l'emploi le plus avantageux : emploi bien mieux rétribué que les occupations ingrates du filage à la quenouille ou de la couture à l'aiguille.

Proposons des prix, demandons à l'Etat qu'il assure des récompenses nationales dignes d'un peuple humain et grand, pour les inventions qui resti-

tueront au sexe féminin sa juste part à des travaux aujourd'hui trop exclusi-
vement absorbés par le sexe le plus fort.

Quand nous aurons relevé la condition et le sort des filles et des femmes
employées à nos métiers, par cela seul nous aurons beaucoup fait en faveur
des ouvriers, dont elles sont ou doivent être les compagnes, les conseillères,
et souvent les modératrices, pour le bon ordre et l'économie du ménage.

A l'égard des travailleurs, applaudissons à toutes les mesures qui peuvent leur
donner la vie à bon marché sans diminuer, s'il se peut, leurs salaires. Applaudissons à tous les arrangements amiables et favorables qu'ils feront avec les
chefs de l'industrie. Ce n'est point assez : voulons-nous les servir, au lieu de
les aduler et de les tromper comme si, nouveaux Bernadotte, nouveaux Jo-
seph, nouveaux Murat, ils étaient déjà *passés rois*, disons-leur avec sincérité
qu'eux seuls possèdent, en réalité, les moyens d'améliorer leur propre sort,
en s'améliorant eux-mêmes, en produisant mieux et davantage, en épargnant
les produits de leur travail au lieu de les dissiper, en recevant la sagesse et
l'instruction à bas prix plutôt que le vin et que l'eau-de-vie, en augmentant
tout à coup d'un sixième leurs bénéfices par la reprise des lundis, dont le chômage est si funeste à leur famille, en allongeant leur journée lorsque s'ac-
croîtra le nombre de leurs enfants, ou lorsqu'il faudra nourrir un père, une
mère épuisés par la vieillesse. Recommandons-leur plus que jamais de se créer,
avec leurs épargnes, un capital pendant les bonnes saisons, pendant les bonnes
années, pour les aider à vivre dans leur vieillesse ; recommandons-leur de
s'associer entre eux, lors des jours prospères, pour s'entr'aider lors des jours
de chômage ou de maladie.

L'Etat doit encourager, il peut seconder avec libéralité ces économies et ces
associations ; il peut leur venir en aide aux frais du trésor public. Il faut trouver les moyens de le faire sans entamer, sans ruiner les fortunes acquises ; car
celles-ci sont les sources alimentaires du travail que chaque jour doit commander, pour procurer aux ouvriers de toutes professions *ce pain quotidien* que,
chaque jour aussi, le fidèle demande à Dieu dans sa prière.

En agissant avec cette haute et sage intelligence, le législateur montrera ses
sympathies vraiment et dignement populaires ; il stimulera le travail, au lieu de
le ralentir et de le supprimer : ainsi la société, devenue plus heureuse, bien
loin de s'appauvrir, s'enrichira dans tous les degrés dont se composent la puissance et la splendeur de la patrie.

Parmi les secours que le gouvernement doit procurer aux ouvriers, il est in-
dispensable de placer, dans un rang très-éminent, l'emploi qu'il peut leur offrir par l'exécution des grands travaux dont il est l'ordonnateur.

A l'égard de ces travaux mêmes, il est une juste mesure que la sagesse des hommes d'Etat ne doit pas outre-passer ; cette mesure est donnée par les ressources du trésor national.

La plus funeste des combinaisons serait, à coup sûr, d'endetter sans bornes le présent, afin d'exécuter des travaux plus ou moins utiles, mais dont les résultats ne compenseraient jamais la perte du crédit public.

Depuis dix ans, ces vérités ont été méconnues. On a travaillé sans suite et sans plan pour commencer partout des voies de communication qu'on ne terminait pas et qui restaient, par cela même, improductives. Les embarras du trésor, si grands aujourd'hui, sont en partie dus à l'excès d'une dette flottante qu'ont accrue, sans modération, des travaux éparpillés multipliés, par l'incohérence et l'imprévoyance.

En évitant de tels excès, qu'on entreprenne et qu'on finisse avec courage tout ce qu'on pourra faire de travaux publics, sans exclure pour cela les travaux d'association, auxquels il ne faut pas non plus renoncer. Alors on donnera l'emploi le plus salutaire aux ouvriers disponibles que ne pourraient pas occuper l'agriculture et l'industrie des arts et métiers.

On a conçu de magnifiques projets pour donner à de vastes parties de notre territoire une fécondité nouvelle, par un système ingénieux d'irrigation. Il y a là deux bienfaits au lieu d'un : de grands travaux de création sont offerts aux ouvriers qui remuent la terre, ainsi qu'aux ouvriers d'art; et l'on assure à notre territoire le moyen de suffire, longtemps encore, aux accroissements de notre population.

Tous les progrès de l'agriculture, tous les moyens que les particuliers pourront mettre en œuvre afin de varier, afin d'augmenter les produits du sol, concourront au même but ; ils sont, à nos yeux, infiniment préférables à l'appel incessant et sans limites, qui serait fait des produits du sol étranger, pour procurer à la nourriture du peuple un complément que les bras de nos laboureurs peuvent nous donner avec avantage.

Un grand Etat tel que la France, s'il veut rester maître de ses destinées, ne doit dépendre ni de ses voisins, ni de la mer pour suffire à l'alimentation des citoyens, afin qu'un blocus systématique ne puisse jamais l'affamer.

Cette considération, de premier ordre à nos yeux, justifie la protection modérée, mais nécessaire dont jouit l'agriculture nationale ; protection qui n'a produit jusqu'à ce jour que des résultats bienfaisants. Comme elle cesse tout à coup lorsque les prix s'élèvent au-dessus du taux moyen des récoltes médiocres, elle ne porte aucun détriment aux classes industrielles; tandis qu'elle vient au secours des populations agricoles lorsque l'abondance des récoltes tend à faire tomber le prix des grains au-dessous d'un juste prix, rémunérateur des travaux de l'ouvrier laboureur...

Les professions les plus éclairées, au sein de nos villes, ont conçu d'elles-mêmes qu'il est des industries manufacturières et des professions urbaines essentielles à conserver, lesquelles ont besoin d'être défendues, en certains cas, en certains temps, au moyen d'une protection raisonnable; elles ont conçu qu'en supprimant cette protection, c'est l'ouvrier qu'on frapperait en premier lieu dans ses moyens d'existence. Le manufacturier, avant d'abandonner la concurrence avec l'étranger, après avoir réduit à zéro ses bénéfices, abaisserait les salaires jusqu'aux derniers termes du possible. S'il trouvait un obstacle artificiel ou législatif à cet abaissement, il abandonnerait l'industrie même qu'il ne pourrait plus continuer qu'avec perte ; alors on verrait des masses de travailleurs qui, bien loin de conserver un salaire en hausse ou seulement stationnaire, manqueraient à la fois et de travail et de pain.

Aussi les ouvriers mêmes, et les écrits périodiques adoptés pour leur servir d'organe, se sont-ils prononcés avec énergie contre la pensée de laisser une absolue concurrence avilir sans terme les salaires, par l'action formidable de certaines industries étrangères devenues prépondérantes, soit à raison de leurs capitaux supérieurs, soit à raison des avantages intrinsèques dus à leurs mines, à leurs chemins, à leurs fleuves, à leurs canaux, à leurs côtes, en un mot à leur situation topographique, commerciale, politique et conquérante. Ici l'instinct populaire s'est trouvé d'accord avec les lumières puisées dans une étude approfondie des moyens de travail propres aux grandes nations rivales en industrie.

La Société d'encouragement, lorsqu'elle se range du côté de l'expérience et de la prudence, ne veut le faire qu'en réclamant, dans tous les cas, des protections modérées, suffisantes pour garantir le producteur français contre les invasions les plus soudaines et les plus désordonnées de la production étrangère; cette protection, dans aucun temps, nous ne la voudrons assez forte ni pour étouffer l'émulation, ni pour supprimer ou ralentir le besoin du perfectionnement, qui doit sans cesse animer une industrie progressive.

Nous n'ignorons pas que les lois économiques d'un peuple ont des relations nécessaires avec ses lois politiques et sa constitution. Nous ne concevons pour l'industrie nationale aucune condition d'existence incompatible avec une république, aucune incompatible avec la démocratie la plus large et la plus libérale.

Qu'il soit permis à des esprits essentiellement pratiques, à des hommes qui ne marchent qu'éclairés par le flambeau de l'expérience, d'en appeler à l'expérience elle-même pour indiquer le grand exemple qui fait l'objet de leurs vœux et sourit à leur espérance.

Le modèle à nos yeux, quant aux conditions que réclame la vie économique des États libres , c'est l'organisation sociale intérieure des États du nord de la grande union américaine. Quoi de plus fraternel que ce peuple si prospère, si paisible, si riche et si puissant de la Pensylvanie, où respirent les principes de Guillaume Penn, que nous ne craignons pas d'appeler le Vincent de Paul du protestantisme?

Quoi de plus brillant et de plus prospère que l'État où s'élève New-York, l'industrieuse et la savante, cette capitale peuplée de quatre cent mille habitants, qui font fleurir tous les arts par le bienfait des franchises, des garanties industrielles et civiques dont nous-mêmes offrons l'exemple, et que nous voulons conserver dans Paris et dans la France tout entière? Enfin, quoi de plus laborieux, de plus ingénieux, de plus manufacturier que les États où naquit Fulton, qui par la vapeur a dompté la mer; où naquit Franklin, qui par une aiguille a dompté la foudre, Franklin, qui commença par être apprenti typographe, avant d'être l'organisateur de sa ville, le législateur de l'indépendance, et l'ambassadeur illustre de l'union américaine, auprès du peuple français?

Eh bien ! nous ne demandons, pour la famille, pour les propriétés, pour les professions, pour les ouvriers et pour les chefs d'industrie, d'autres rapports sociaux, d'autres conditions d'existence, de sécurité, de prospérité que celles qui suffisent à l'égalité, à la liberté, à la fraternité de ce grand et glorieux peuple, dans la plus florissante partie des États-Unis (1).

Nous préférons cette expérience, accomplie et vivante, à des projets, à des systèmes qui sont à la fois la terreur des bons ouvriers et des bons fabricants, qui seraient la ruine immédiate ou progressive des familles, et dont les programmes aventureux, dictés, admettons-le, par les intentions les meilleures, n'en portent pas moins l'effroi dans le cœur des simples et dans l'esprit des sages.

---

(1) Nous avons le plaisir de nous trouver d'accord avec les sentiments et les espérances du gouvernement provisoire, exprimés dans sa réponse à l'ambassadeur des États-Unis, faite par **M. *de Lamartine***.

« Ce qui n'était, il y a cinquante-cinq ans, que l'idée des hommes supérieurs de la nation a passé dans les idées et dans les mœurs du peuple tout entier sans exception. La république qu'il veut aujourd'hui, c'est celle que vous avez fondée vous-même; c'est une république progressive, mais conservatrice des droits, de la propriété, des industries, du commerce, de la probité, de la liberté, du sentiment moral et religieux des citoyens. C'est une république dont le premier cri a été un cri de générosité, de fraternité, qui a brisé dans sa propre main l'arme des vengeances et des réactions politiques, qui a proclamé la paix, et qui, au lieu d'inscrire sur sa bannière des mots funestes d'expropriation et de proscription, y a inscrit l'abolition de la peine de mort et la fraternité des peuples.

« Ces principes adoptés, nous l'espérons, par l'assemblée nationale, affermis par une force publique invincible, dont chaque citoyen s'est fait, comme vous l'avez vu, le soldat volontaire, concentrés dans une forte unité représentative du gouvernement, feront de la république française la glorieuse sœur de la république américaine, et l'on pourra dire du peuple français et du peuple américain ce que l'on disait jadis d'un homme cher à nos deux pays, la république des deux mondes. »

Pleins de confiance dans les lumières, l'équité, le patriotisme des représentants du peuple français, nous avons la conviction que l'assemblée nationale conjurera les dangers que nous avons signalés. Nous avons la ferme espérance qu'elle accueillera toutes les améliorations qui lui sembleront praticables, et que nous avons démontrées. Elle ramènera la confiance et, par conséquent, le crédit, qui, seul, peut rendre à l'industrie dans la détresse une prospérité digne des lumières, du courage et de l'activité du peuple français.

Cette détresse qui grandit, comme le spectre d'un mauvais songe, qui supprime le travail privé, parce que la commande *a peur*, qui ruine le trésor pour payer des travailleurs imparfaitement occupés, en retirant aux contribuables un revenu qui leur servait à payer de vrais travailleurs ; ce cercle vicieux de l'impôt extraordinaire pour alimenter l'oisiveté extraordinaire, en supprimant les occupations accoutumées, voilà la plaie à laquelle il faut porter un remède héroïque, en rétablissant l'équilibre de nos finances, la sécurité des commanditeurs du travail et l'activité chez l'ensemble des ouvriers : c'est le service capital qu'aujourd'hui la patrie réclame du gouvernement et de l'assemblée nationale.

NOTE ESSENTIELLE.

Dans la seconde partie de ce travail, nous traiterons expressément des améliorations qu'on peut apporter au sort des ouvriers, en les appelant à participer, suivant une certaine proportion, aux bénéfices généraux des ateliers et des manufactures. Nous nous bornons à dire ici que toute innovation de ce genre, opérée *d'un commun accord*, entre les chefs et les ouvriers, nous paraît un heureux progrès. Ce que nous avons senti la nécessité de défendre, avant tout, comme principe, c'est *la liberté inviolable de l'industrie*, dans toutes les positions des hommes qui concourent à la production, par leurs bras, leurs capitaux ou leur intelligence.